김병완의 결정책 시리즈 10부작 제5권

# 결정적 순간의 책읽기

인생의 결정적인 순간에 위기 대처
능력을 향상시켜 주는 책(冊) 읽기

김병완

플랫폼연구소

< 김병완의 결정책 시리즈 10부작 제5권 >

김병완의 결정적 순간의 책(冊) 읽기_5권
건강에 적신호가 왔을 때 _ 너무 늦은 때란 없다

인생의 결정적인 순간에 위기 대처 능력을 향상시켜 주는 책(冊) 읽기

" 한 인간의 존재를 결정짓는 것은
그가 읽은 冊과 그가 쓴 글이다."

– 도스토예프스키 –

## 프롤로그_ 책은 인생을 밝혀주는 등불이다.

‘책을 잘 읽고 산다는 것은, 경이로운 세상에 눈을 뜨고 매일매일 세상과 나 자신의 잠재력에 대해 새로운 것들을 배우며 정신적으로 한 차원 높은 삶을 살아가는 것이다.’

<전략적 책읽기>의 저자 스티브 레빈의 이 말처럼 책을 잘 읽고 산다는 것은 자신의 한계를 훌쩍 뛰어넘어 한 차원 높은 삶을 살아가는 것이라고 말할 수 있다. 그런 점에서 책읽기는 기적을 창출해 내는 기적 그 자체이다.

책이 아니라면 우리는 과거에 살았던 수많은 현인의 지혜와 통찰력에 대해 알 수 없었을 것이고, 생각의 재료가 되는 지식을 축적하지도 못했을 것이며 생각의 계기가 되어 주는 역사와 이야기를 많이 접하지도 못했을 것이다.

부침이 많은 것이 바로 우리의 인생이다. 이러한 인생을 살아 나가다 보면 때로는 억장이 무너질 만큼 아프고 당황스럽고 어찌해야 할 바 몰라 발만 동동 구르면서도 아무것도 할 수도 없었고, 무엇을 어떻게 해야 하는지도 몰라서 더 힘들었던 시기를 경험하게 된다.

이 책은 바로 이러한 절체절명 위기의 순간 혹은 인생에 찾아오는 결정적인 순간에 꼭 읽어봐야만 하는 책들에 관한 이야기이다. 만약에 그 위기의 순간 혹은 결정적인 순간에 이 책을 읽었었더라면 좀 더 지혜롭고 의연하게 잘 대처해 나갔을 것이고, 그러한 조금의 차이는 긴 인생을 살면서 모이고 쌓여서 인생의 성공과 실패를 결정짓게 되는 중요한 차이가 되어 우리에게 보상해 줄 것이다.

그런 점에서 책을 읽으면서 살아가는 사람들과 책과 동떨어져서 살아가는 사람의 삶은 보이지 않는 큰 간격이 생길 수밖에 없는 것이다.

중요한 사실은 인류가 가진 부의 대부분을 소유하고 운용하고 있는 사람들은 후자가 아니라 전자들이며, 새로운 부를 창출해 내는 사람들도 또한 바로 그들이라는 점은 우리에게 책은 선택이 아니라 인생을 제대로 잘 살아가기 위해서는 꼭 필요한 필수 조건이라는 사실을 잘 보여주는 사례일 것이다.

위대한 발명가, 위대한 정치인, 위대한 대왕, 위대한 혁명가, 위대한 경영자, 위대한 방송인, 위대한 학자와 같은 위대한 인물 중에 책을 읽지 않은 인물들이 과연 있을까?

그렇다고 위대한 인물이 되기 위해서 책을 읽어야 한다고 말하는 것은 아니다.

이 책의 존재 목적은 버트런드 러셀이 한 말에 토대를 두고 있다.

“ 내게 좋은 책을 알려주는 사람이 있었다면, 이렇게 오랜 시간에 걸쳐 시행착오를 하지 않았을 텐데 .......”

바로 이것이다. 당신에게 그것도 결정적 순간에 당신이 오랜 시간에 걸쳐 시행착오를 하지 않을 수 있도록 좋은 책을 알려 주는 것이다. 이것이 바로 이 책의 목적이다. 그렇기 때문에 이 책은 처음부터 끝까지 순서대로 읽어야 하는 그런 책이 아니다. 자신의 인생이 현재 직면하고 있는 상황에 맞추어 필요한 부분을 읽어서 자신이 처한 결정적 순간에 읽었을 때 가장 유익하고 도움이 되는 그런 좋은 책에 대해 알게 해 주는 그런 책이다.

책이 책을 읽는다는 말이 있듯이, 이 책은 또 다른 책을 읽게 만드는 그런 책의 구실을 톡톡

하게 해 낼 것이라고 믿는다.

책을 읽는다는 것은 인간만이 누릴 수 있는 특권이며 사치 중 사치라고 할 수 있다. 당신은 이러한 사치와 특권을 누릴 자격이 있다. 과거 중세 시대에는 최고의 특권층만이 책에 접근할 수 있었다는 사실을 생각해 보면, 지금 이 시대에 살고 있는 것만으로도 우리는 행복한 사람임에 틀림없다.

'좋은 책을 읽는 것은 지난 몇 세기에 걸쳐 가장 훌륭한 사람들과 대화하는 것과 같다.' 라고 말한 데카르트는 책의 위력과 유익함을 너무나 잘 알고 있었던 현인 중 한 명이었다. 당신도 이제 지난 몇 세기에 걸쳐 가장 훌륭한 사람들과 더 많은 대화를 나누는 그런 기회를 지금까지보다 더 많이 가져 보기를 바란다.

책은 인류가 힘겹게 오랜 시간 걸어오면서 쌓아 올린 사색의 결정체이며 인생을 밝혀주는 등

불이다. 책은 궁지에 몰린 이에게는 새로운 돌파구를 발견할 수 있게 해 주는 돌파구이며, 어떤 시련과 역경도 헤쳐 나갈 수 있게 해 주는 원동력이다.

책은 비탄에 빠진 사람에게는 위안이 되며, 절망한 사람들에게는 용기가 되며, 방황하는 이들에게는 인생의 나침반이 되어 주며, 세상에 지친 이들에게는 오아시스가 되어 주며, 가난한 이들에게는 부자가 되는 길을 제시해 주고, 실패한 이들에게는 성공할 수 있는 길을 제시해 준다.

이런 이유와 근거를 토대로 필자는 장담할 수 있다.

" 이 세상에서 책을 읽는다는 것은 최고의 특권이며, 사치이며, 축복이다. "

목차

안 아프고 살 수 있는 7가지 방법이 있다.

< 건강의 기술 >

_ 돈 콜버트

음식을 바꾸면 인생이 바뀐다.

< 음식을 바꾸면 뇌가 바뀐다.>

_ 이쿠타 사토시

에필로그 _ 책은 삶의 특권이며 최고의 사치이며 향락이다.

" 나는 한 시간의 독서로 누그러들지 않는
어떤 슬픔도 알지 못한다."
- 몽테스키외 -

## 제5장. 건강에 적신호가 왔을 때 _ 너무 늦은 때란 없다.

“ 권위 있는 의학 잡지들 또한 질병과 건강이 ‘사람의 마음’ 에 달려 있다는 생각을 비웃었다. 하지만 이제 상황은 달라질 것이다. 몸과 마음이 정말로 연결되어 있다는 것을 뒷받침하는 증거들이 제시되고 있다. 1970년대 말까지 베일에 싸여 있던 방대한 양의 ‘메신저 분자들’ 이 그것이다. 메신저 분자들은 혈액과 함께 우리 몸속을 돌면서 우리의 가장 개인적인 생각과 감정, 믿음, 편견, 바람, 꿈, 두려움 등을 물리적인 실제로 변화시킨다.” < [ 마음의 기적 ], 9쪽 >

“ 이렇게 장수하는 사람들은 분명 삶의 기쁨을 거부하는 사람들이 아니었다. 이들은 자연스럽게 오감을 느끼는 데서 기쁨을 찾고 즐겁게 시간을 보내는 데도 아주 탁월한 사람들이었다. 이들은 자신을 둘러싼 세계에서 소박한 기쁨과 즐거움을 만끽하며 삶을 긍정하는 사람들이었다. 이들은 캔디, 감자 칩, 아이스크림, 핫도그 같은 음식은 먹어본 적이 없지만 항상 생기발랄했다. 이들은 자주 미소 지었고, 크게 소리내어 웃었다. 그리고 노래하고 춤을 추며 살아갔다.” < [존 로빈스의 100세 혁명] 152쪽>

우리 뒤에 놓인 것과 우리 앞에 놓인 것은 우리 안에 놓인 것과 비교하면 사소한 것들이다.

– 랄프 왈도 에머슨 –

몸과 마음은 하나로 연결되어 있다.

< 마음의 기적 >

_ 디팩 초프라

" 나는 단순한 하나의 문장에서 영감을 받았다. 그것은 '몸과 마음이 하나로 연결되어 있다 '는 말이었다. 처음 이 말을 들었을 때는 별다른 느낌을 받지 못했지만, 나는 차츰 거대한 장벽이 무너져 내리는 소리를 들을 수 있었다.

그때까지 몸과 마음은 매우 오래되고 두꺼운 벽으로 분리되어 있었다. 마음은 일종의 유령이고, 몸은 일종의 기계였다. 의학 분야에 한정해서 말한다면 몸과 마음은 완전히 다른 영역으로 치부되고 있었다. 지난날 나는 몸과 마음의 관계를 인식하고, 측정한 사람을 한 명도 알지 못했다. 권위 있는 의학 잡지들 또한 질병과 건강이 ‘사람의 마음’ 에 달려 있다는 생각을 비웃었다. 하지만 이제 상황은 달라질 것이다. 몸과 마음이 정말로 연결되어 있다는 것을 뒷받침하는 증거들이 제시되고 있다. “ < 머리말에서 >

인생을 살다가 보면 알게 모르게 문득 몸에 이상이 오고, 적신호가 들어올 때를 한 두 번 경험하게 된다. 운이 좋아 큰 병이나 불치병이 아니면 다행스러운 일이다. 하지만 설사 큰 병이나 불치병이라고 해도 이 세상에는 너무 늦었을 때란 없듯이 바로 그 순간부터 새로운 삶을 살기 시작하면 인생은 충분히 달라질 수 있을 것이다.

인생이 달라질 만큼 새로운 삶을 살기 위해 가장 필요한 것은 새로운 지식과 지혜이며 새로운 의식과 함께 의식과 사유의 확장과 향상이다. 바로 이것이 이 책을 추천하는 이유이다. 이 책은 매우 놀라운 사실에 대해 말해 준다.

이 책의 저자는 마음이 병을 만들어 낸다고 주장한다. 건강한 상태란 단지 질병과 허약함에서 벗어난 상태가 아니라 그것을 넘어선 어떤 상태로 세계보건기구는 정의한다. 한 마디로 건강은 언제나 젊고 활기차게 낙천적으로 살면서 행복을 느끼는 상태를 말한다고 할 수 있다. 이제부터 이 책이 주장하는 핵심 내용인 마음이 병을 만들어 내는 것에 대해 살펴볼 것이다.

이 책에서 소개되는 마음이 일으키는 극적인 사례들을 보면 분노가 사람을 죽음에 이르게 하는 사례도 포함되어 있어 충격적임을 알 수 있다. 42세의 회사 임원인 어떤 중년 남성은 너무 바빠서 진료실에서 15분을 기다려야 했다는 사실 때문에 극도로 흥분하고 화를 냈다. 그리고 의사가 입원을 하는 것이 좋을 것 같다고 조언을 해 주자 완전히 자제력을 잃고 입에 기품을 물고 정신없이 고함을 질러 댔다. 그러고 나서 몇 분 후에 숨을 거두었다. 그를 죽게 한 것은 병이 아니라 적대감, 극도의 분노, 초조함, 두려움, 지나친 강박관념이었던 것이다.

마음이 병을 만들고, 그 병은 사람을 죽일 수 있는 것이다. 이와 반대의 사례도 소개한다. 걱정이 사라지면 병도 사라진다는 것이다. 46세의 심장발작을 자주 일으키는 외국인 남성은 심장발작을 일으킬 때마다 전기충격으로 목숨을 건졌지만, 가장 심한 부정맥이라는 병에 대한 두려움과 너무 많은 병원비에 대한 걱정으로 목숨을 잃을 것이 뻔했다. 하지만 병원비에 대한 문제가 누군가의 도움으로 해결되어 걱정이 사라지자. 병도 사라지게 되어 완쾌되었다고 한다.

우리가 명심해야 할 한 가지 사실은 누군가 자신에게 잘못을 해서 그 사람에 대해 분노하고 화를 내면 혈압이 가파르게 상승하고 심할 경우 화를 냈기 때문에 죽음을 맞이해야 하는 사람은 자신에게 잘못을 한 사람이 아니라 화를 내는 자기 자신이라는 점이다. 이 책에는 상대방의

실수로 인해서 화를 내고 분노와 미움과 증오와 같은 부정적인 감정으로 휩싸일 때 그것이 얼마나 우리의 몸과 마음을 파괴할 수 있는 지에 대해 잘 설명해 주고 있다.

충격적인 사실은 암에 걸린 사람도 그것을 모르고 살면 급격한 악화와 암으로 인한 사망을 오랫동안 늦출 수 있지만, 자신이 암에 걸렸다는 사실을 알게 되는 그 순간부터 급격하게 암은 악화되고, 그 결과 암으로 인한 사망으로 직결된다는 사실이었다. 즉 암보다 더 무서운 것은 우리의 마음을 사로잡는 죽음에 대한 공포와 두려움이라고 할 수 있는 것이다.

이와 반대로 63세의 어떤 부인은 암에 걸렸지만, 그것이 암이 아니라 단순한 담석이었고, 간단한 수술을 통해 이미 제거했다고 하는 의사의 거짓말을 듣고, 자신이 암에 걸리지 않았다는 그러한 생각을 하게 되었고, 그 결과 건강하게 살아 갈 수 있게 되었다는 것이다.

이 책이 우리에게 제시하는 중요한 핵심 내용은 건강도 질병도 모두 우리의 마음과 생각에서 비롯된다는 것이다. 그래서 우리가 행복한 생각, 긍정적인 생각을 하면 우리 몸은 그렇게 반응해 주고, 그렇게 된다. 그 결과 있던 질병도 치유가 되는 것이다. 반대로 우리가 불행한 생각을 하고, 혼란스러운 생각을 하게 되면 우리 몸은 또한 그렇게 반응한다. 그 결과 없던 질병이 생기는 것이다.

“ 생각은 뇌에서 화학작용을 일으킨다. 이 화학작용은 뇌 전체의 다양한 장소, 이를테면 시상하부와 뇌하수체에서 일어나는 호르몬 분비에 영향을 미치며, 이 호르몬들은 다시 신체의 먼 곳에 있는 기관들에게 메시지를 전달한다. 먼저 불행한 생각과 관련해서 몇 가지 예를 살펴보자. 분노와 적대감은 심장박동을 빠르게 하고, 혈압을 증가시키며, 얼굴을 상기시킨다. 불안감에 사로잡혀 있을 때는 손이 떨리고, 식은 땀이 흐르고, 속이 답답하고, 온몸에 힘이 빠진다. 우리는 종종 이런 사람을 가리켜 ‘하얗게

질렀다.' 고 말한다. 왜곡된 생각은 뇌에서 화학작용이 왜곡되는 것과 연관이 있다. 한 과학자의 말을 인용하자면 " 뒤틀린 분자가 없다면 뒤틀린 생각도 없다. " " < 121쪽 >

마찬가지로 행복한 생각들은 우리들을 건강으로 이끌어 준다. 행복한 생각들이 우리 몸과 뇌에서 생리적 변화와 화학 작용을 일으키기 때문이다. 결국 몸과 마음을 결국 하나라는 사실이다.

우리 내면에 가장 좋은 최고의 치유력이 존재하고 있다는 사실에 대해 이 책은 다시 한 번 확신하게 해 준다. 히포크라테스는 '우리들 각 장의 내면에 있는 자연스러운 치유력은 건강을 창조하는 가장 큰 힘이다.' 라고 말한 적이 있고, 성경에도 '사람의 심령은 그 병을 능히 이기려니와 심령이 상하면 그것을 누가 일으키겠느냐' (잠 18:14) 라는 구절과 '모든 지킬 만한 것 주에 더욱 네 마음을 지키라 생명의 근원이 이에서 남이니라. " (잠4:23)라는 구절과

’ 마음의 즐거움은 양약이라도 심령의 근심은 뼈로 마르게 하느니라 ‘(잠17:22) 라는 말이 있다.

이 모든 것들은 우리 마음이 모든 건강과 질병의 가장 중요한 시작점이라는 말이라고 할 수 있다.

“ 권위 있는 의학 잡지들 또한 질병과 건강이 ‘사람의 마음’ 에 달려 있다는 생각을 비웃었다. 하지만 이제 상황은 달라질 것이다. 몸과 마음이 정말로 연결되어 있다는 것을 뒷받침하는 증거들이 제시되고 있다. 1970년대 말까지 베일에 싸여 있던 방대한 양의 ‘메신저 분자들’ 이 그것이다. 메신저 분자들은 혈액과 함께 우리 몸속을 돌면서 우리의 가장 개인적인 생각과 감정, 믿음, 편견, 바람, 꿈, 두려움 등을 물리적인 실재로 변화시킨다.” < 9쪽 >

이 책의 저자는 이러한 사실들을 통합하여, 조화로운 삶이 건강을 꽃피울 수 있다고 말한다.

완전한 건강을 누리고 목표를 성취하려면 직관적이면서도 윤리적으로 행동해야 한다는 것이다. 그리고 그렇게 하기 위해서는 의식이 깨어 있어야 하며 더 높은 의식 수준으로 나아가야 한다고 말한다.

'걱정이 사람을 늙게 한다' 는 말은 엄청난 진실이 담겨 있는 말이다. 하룻밤 사이에 머리가 하얗게 센 사람들은 걱정 때문에 엄청나게 늙어 버린 것이라고 할 수 있다. 걱정하지 않고 사는 방법 중에 하나는 지금 이 순간을 사는 것이며, 지금 이 순간 현재의 삶이 나에게 주는 것에 대해 감사하는 것이다.

내 몸을 살리고 내 삶을 바꾸는 마음의 기적은 감사로부터 시작된다고 필자는 결론을 내렸다. 건강에 적신호가 왔을 때, 당신이 해야 하는 것은 불평이나 걱정이 아니라 감사이다. 감사는 기적을 만들어 줄 것이라고 필자는 믿는 다.

욕망이 줄어들수록 행복이 커진다.

– 레프 톨스토이 –

노화를 긍정할 때 삶이 충만해 진다.

< 존 로빈스의 100세 혁명 >

_ 존 로빈스

“ 노화에 대한 부정적인 이미지는 건강을 해치고 수명을 단축할 뿐 아니라 현재의 삶도 고통스럽게 만든다. 레비 박사의 연구에 따르면 노화를 부정적으로 생각하는 사람들은 자신의 삶이 가치 없고 공허하고 희망이 없다고 생각할 가능성이 큰 반면, 노화를 긍정적으로 생각하는 사람들은 자신의 삶이 충만하며 희망적이라고 바라볼 가능성이 더 많다고 한다.” < 11쪽 >

이 책의 저자는 세계 최대의 아이스크림 기업인 배스킨라빈스의 상속자였다. 하지만 그는 아이스크림을 비롯한 각종 유제품과 축산물에 대해 숨겨져 왔던 진실을 폭로하는 환경운동가가 되었다. 이 책은 그가 우리에게 전해주는 음식과 삶과 노화에 관한 이야기이다.

이 책의 저자는 우리에게 말한다. 우리가 먹고 있는 것이 바로 우리가 된다고 말이다. 일본의 최남단 현인 오키나와는 140만 명의 인구가 거주하는 161개의 아름다운 섬으로 이루어져 있는데, 이곳은 세계에서 가장 건강한 사람들이 사는 곳이자 사람들의 수명이 가장 긴 곳이며, 100세를 넘는 노인이 가장 많이 사는 곳이다.

오키나와 사람들은 대체 어떻게 해서 그렇게 오래 건강하게 살 수 있는 것일까? 이들이 직접 말하는 비결은 이렇다.

“ 오키나와 노인들에게 그렇게 건강하게 오래 장수하는 비결을 물어보면 그들은 대개 그들이

먹는 소박하고 영양가가 많으며 몸에 좋은 음식을 이유로 든다." < 121쪽 >

그들의 장수 비결은 한 마디로 '소식하면 장수한다' 는 간단하고 단순한 비결이다. 이들은 과식이나 과로, 극도의 쾌락이나 중독을 멀리하고, 소박한 기쁨을 찾고 즐겁게 살아간다는 것이다.

" 이렇게 장수하는 사람들은 분명 삶의 기쁨을 거부하는 사람들이 아니었다. 이들은 자연스럽게 오감을 느끼는 데서 기쁨을 찾고 즐겁게 시간을 보내는 데도 아주 탁월한 사람들이었다. 이들은 자신을 둘러싼 세계에서 소박한 기쁨과 즐거움을 만끽하며 삶을 긍정하는 사람들이었다. 이들은 캔디, 감자 칩, 아이스크림, 핫도그 같은 음식은 먹어본 적이 없지만 항상 생기발랄했다. 이들은 자주 미소 지었고, 크게 소리 내어 웃었다. 그리고 노래하고 춤을 추며 살아갔다." < 152쪽 >

이 책의 저자는 자신이 배스킨라빈스의 상속자였다는 사실에 대해 분개라도 하듯, 가공식품의 해악에 대해 그 누구보다 더 강력하게 주장하고 있다. 슈퍼마켓 선반에서 자기를 사가라고 소리를 질러대는 대다수의 포장 식품과 패스트푸드 레스토랑에서 판매되는 대부분의 음식들은 정제되고, 생명이 빠져나간 불량 식품이기 때문에 우리의 건강을 위협하고 있다고 말한다.

과연 우리가 먹는 것이 우리의 건강을 위협하고, 불치병을 대표하는 암과 같은 병을 유발시킬 수 있을까? 이러한 질문에 대해 이 책의 저자는 중국에서 실시된 기념비적인 암 연구 결과를 소개해 준다.

놀라운 사실은 비슷한 유전자를 가진 중국인들이 각 현 마다 암 발생률이 무려 100내 더 높은 차이를 보이는 곳도 있었고, 어떤 지방에 사는 사람들이 다른 지역에 사는 사람보다 식도암으로 사망할 확률이 435배나 높기도 했다. 그리고 미국과 다른 서구 국가보다 중국에서 암이 훨씬 덜 발생한다. 이러한 현상을 무엇으로 설명할 수 있을 까?

결론은 어느 지역이 부요해지면 부자들만이 자주 먹을 수 있는 값비싼 고기와 잘 살게 되는 지역에 급속도로 성장하는 맥도널드, KFC, 코카콜라와 같은 패스트푸드 음식에 대한 빈번한 접촉과 노출에 의한 것일 수 있다는 것이었다. 실제로 암, 심장병, 당뇨와 같은 질환은 잘 사는 서구 사회에서 가장 흔하게 발병하는 질병인 것이다.

채소와 과일을 많이 먹는 사람들이 고기나 패스트푸드를 많이 그리고 자주 먹는 사람들보다 훨씬 더 건강하며, 암이나 당뇨, 심장병에도 훨씬 더 적게 걸린다. 그리고 과식하는 사람보다는 소식하는 사람이 훨씬 더 오래, 건강하게, 장수한다.

이 책의 저자는 식습관과 함께 우리의 건강을 지키는 최고의 방법으로 경이로운 운동의 효과를 제시해 준다. 운동을 하면 심장과 뼈를 강하게 하고, 신체뿐 아니라 뇌에도 좋고, 더 건강해지고, 더 자신감이 넘치고, 우울증에도 걸리지 않게 되고, 잠도 더 잘 자고, 기분도 좋아지고, 기억력도 향상되고, 수명이 길어지고, 암에 걸릴 확률도 낮아진다는 것이다.

심지어 규칙적인 운동을 하면 불치병에 걸린 사람의 사망률이 낮아진다는 연구 결과도 있다. 2005년 5월 미국 <의학협회>저널에 발표된 연구 결과에 따르면, 일주일에 세 시간 내지 다섯 시간 걷거나 다른 형태의 운동을 하는 유방암 환자들은 주로 앉아서 생활하면서 몸을 움직이지 않는 환자들보다 유방암으로 사망할 확률이 50% 정도 낮다는 것이다.

설탕과 지방이 많이 들어가 있는 패스트 푸드와 육식을 멀리하고, 채식 위주의 영양가 높은 음식을 잘 먹고, 규칙적으로 운동하는 사람은 그렇지 못 한 사람들보다 훨씬 더 건강하게 오래 살 수 있다. 그리고 건강하게 오래 사는 것뿐만 아니라 잘 먹는 사람들이 생각도 분명하게 잘 하게 된다. 노년까지도 명료한 사고를 할 수 있다는 것을 보여주는 사례들은 모두 몸에 좋은 채식 위주의 식단과 DHA와 긴 연쇄 오메가 3 지방산을 충분한 섭취와 규칙적으로 운동을 많이 하면서, 육류와 패스트푸드를 멀리하면, 노년이 되어도 건강한 신체와 더불어 명확한 사고를 할 수 있게 된다고 말한다.

이와 더불어 이 책의 저자는 우리가 건강하게 오래 살 수 있는 것과 관련하여 다양한 요소들을 제시 해 준다. 그가 제시하는 요소들 중에 하나는 사랑, 마음의 힘, 좋은 관계 등이다.

강력한 정서적 지지를 받는 사람들이 그렇지 않은 사람들보다 질병 발병률이나 사망률이 낮다는 것이다. '내 아내는 날 사랑하지 않는다.' 라고 말한 남성들은 궤양에 걸릴 확률이 거의 세 배나 높았다. 이와 함께 고독한 삶은 담배보다도 더 치명적이라고 한다. 이혼한 사람, 독신, 과부나 홀아비가 된 사람들의 사망률이 일관되게 높다는 것이다.

“ 죽는 것은 아무것도 아니다. 정말 무서운 것은 결코 살아보지 못 하는 것이다. “

빅토르 위고의 [레 미제라블]에 나오는 말이다. 이 책의 저자는 우리가 오래 사는 것이 중요한 것이 아니라 진정으로 사는 것이 중요한 것이라고 말한다. 얼마나 많은 사랑과 지혜와 용기를 주었느냐하는 것이다. 진정으로 살아보기 위해 긍정과 용기와 올바른 생활 습관은 필수일 것이다. 진정한 100세 혁명은 100세까지 생명만 연장하는 것이 아니라 보다 건강하고 의미있고 가치 있게 살아 보는 것이다.

싸워야 할 가장 큰 적은 바로 우리들 자신 속에 있다.

– 세르반테스 –

소식하면 누구나 100세까지 건강하게
살 수 있다.
< 하루 세 끼가 내 몸을 망친다.>
_ 이시하라 유미

“ 과식하면 체내에 여분의 지방과 당분이 늘어나 메타볼릭 신드롬(metabolic syndrome, 대사 이상 증후군)이 나타나는데, 이는 그밖에 많은 질병의 유발요인이나 원인으로 작용한다. ” 약간 모자란 듯 먹으면 의사가 필요 없고, 배부르게 먹으면 당해낼 의사가 없다. “ 라는 말이 있듯이 과식은 만병의 근원이어서 의사가 아무리 많아도 어찌할 수 없는 사태를 불러오고 만다.” < 서문에서 >

이 책의 저자는 우리가 지금까지 알고 있던 건강 상식인 하루에 세 끼의 식사가 보약보다 낫다는 말을 정면으로 반박한다. 하루 한 끼만 먹고도 건강하게 살 수 있다고 말한다. 심지어 억지로 먹는 아침식사가 건강을 해친다고 말한다.

" 과식하면 체내에 여분의 지방과 당분이 늘어나 메타볼릭 신드롬(metabolic syndrome, 대사 이상 증후군)이 나타나는데, 이는 그 밖에 많은 질병의 유발요인이나 원인으로 작용한다. " 약간 모자란 듯 먹으면 의사가 필요 없고, 배부르게 먹으면 당해낼 의사가 없다. " 라는 말이 있듯이 과식은 만병의 근원이어서 의사가 아무리 많아도 어찌할 수 없는 사태를 불러오고 만다."  < 서문에서 >

배부르게 먹고 마시면 음식물의 영양소가 위장에서 혈액으로 흡수되어 혈중 영양상태가 좋아지게 되는데, 그렇게 되면 백혈구가 영양소를 잔뜩 먹었기 때문에 외부에서 미균이나 알레르겐이 침입하거나 체내에 암세포가 발생해도 먹으려고 하지 않는 다. 이것이 바로 면역력이 떨어지게 되는 것이다. 반대로 공복일 때는 굶주린 백혈구이기 때문에 암세포와 같은 것을 먹고 처리하는 능력이 높아지게 된다는 것이다. 실제로 몸이 아파서 약해진 어느 의사는 몸을 회복하기 위해 저녁 한 끼만 먹는 하루 한 끼 건강법을 실천해서 체력도 회복하고 건강해 졌다고 한다.

야생동물들은 하루 종일 먹잇감을 찾아다니지만 대개 아주 작은 포획물만 손에 넣을 수 있다. 밀림의 왕자인 사자조차 하루 종일 사냥을 하다보면 대여섯 번에 한 번 꼴로 작은 초식동물을 잡을 수 있다. 사자가 이 정도이니 다른 동물들은 더 말할 것도 없다. 결론적으로 야생동물들은 어쩔 수 없이 소식을 하게 된다. 하루에 한 끼 정도라도 먹으면 그나마 다행이다. 그 결과 그들은 병에 잘 걸리지 않는다. 반면 인간과 애완동물들은 같은 동물이지만 하루에 세 끼를 먹고, 그것도 배부르게 먹고, 운동은 상대적으로 적게 하므로 병에 걸리는 것이다.

의학에 지식이 없는 일반 사람들이 하루 한 끼 식사를 해도 건강에 지장이 없다고 말한다면 신빙성이 떨어지겠지만, 이 책의 저자는 의학박사이며, 자신도 실제로 하루 한 끼 식사를 오랫동안 실천해 온 사람이기 때문에 신뢰할 수 있을 것이다. 이미 많은 매스컴과 신문에 그의 하루 한 끼 식사법은 자주 소개 되었다.

이 책에는 실제로 3개월 만에 당뇨병에서 탈출한 사람, 걸어다니는 종합병원이던 몸을 말끔히 치료한 사람, 억지로 먹지 않아 건강한 몸을 되찾은 사람들의 이야기도 소개 되어 나온다.

그렇다면 진짜로 소식을 통한 공복이 면역력을 증가시켜 우리를 건강하게 해 주는 것일까?

이 책의 저자는 고칼로리 식사는 면역력을 떨어뜨리며, 과식이 심장을 위협하며, 과식은 소화와 흡수를 방해하며, 과식은 또한 두뇌 회전을 방해하고, 뿐만 아니라 과식은 스트레스에 약한 몸을 만든다고 말한다.

한 마디로 '과식이 병을 불러온다.' 고 말한다. 장수와 노화 방지의 비결은 적게 먹는 것이라고도 말한다.

국립노화연구소 마크 매트슨 박사는 실험용 쥐를 'A군: 마음대로 먹게 함, B군: 섭취 칼로리를 60 퍼센트로 억제, C군: 격일로 마음껏 먹게 하고 다음 날은 단식' 으로 나누어 실험했는데, 그 결과는 이 책의 저자가 주장하는 것과 일치했다. C군의 쥐들이 가장 건강하고, 수명도 길었으며, 노화에 따른 뇌 손상도 적어 알츠하이머나 파킨슨병에 걸리지도 않았다고 한다.

캘리포니아 단식병원을 설립하여 수많은 난치병 환자를 살린 하버드 셸턴 박사도 "단식하면 피부가 젊어지고, 얼굴빛이 좋아진다. 피부에 생기가 돌고 표정이 밝아지니 10 ~20세는 더 어려 보일 수 있다. 이러한 피부 개선은 겉으로는 보이지 않지만 몸 전체가 건강해졌다는 사실을 보여주는 것이다. “ 라고 말한 적이 있다.

독일의 암 관련 연구자 이세르스 박사는 1960 년대에 이미 동물실험을 한 다음 “먹고 싶은 대로 먹게 한 쥐는 격일로 단식을 시킨 동물보다 암의 자연 발생률이 5.3배나 높다” 고 실험 결과를 밝혔다.

하루 한두 끼를 거르면 위에 공급되는 혈액이 적어져 뇌세포로 가는 혈류가 증가하면서 머리 회전이 빨라지고 치매도 예방할 수 있다. 고대 그리스 철학자이자 수학자인 피타고라스는 “사람의 병은 많이 먹는 데서 온다. 될 수 있으면 적게 먹어라. 그러면 네 몸도 튼튼해지고 정신도 바로 설 것이기에, 질병의 신도 너를 어찌하지 못할 것이다.” 라고 한 적이 있는 데, 소식이 얼마나 건강에 좋은 지를 충분히 알 수 있는 말이다.

인간이나 동물은 병에 걸리거나 상당히 피곤할 때는 반드시 발열과 식욕부진의 증상이 나타나는 데 이것은 모두 면역력을 높여 주어 스스로 병을 물리치려는 우리 몸의 자연스러운 메커니즘이라고 한다. 몸이 안 좋을 때는 아무것도 먹지 않고, 체온을 상승시키는 것은 몸이 지닌 자연치유력을 최고로 강화시키는 행위인 것이다. 체온이 1도 상승하면 면역력이 5~6배 높아진다. 그렇기 때문에 몸에서 열이 나게 하는 것은 면역력을 최대로 강화시키는 행위인 것이다.

이 책의 저자는 우리가 긍정적인 자세로 살아가는 것이 몸을 따뜻하게 하기 때문에 건강에 좋다고 한다.

" 늘 좋은 면을 보고, 다른 사람을 위해 헌신하며, 신앙심을 갖고, 크게 웃는 긍정적인 자세는 몸을 따뜻하게 만든다. '정열' 은 '체열' 도 높여주기 때문이다. 물론 반대로 부정적인 면만 보고 불평과 불만을 늘어놓은 비관론자의 사고는 몸을 차게 만든다." < 145쪽 >

긍정적인 자세와 함께 근육운동, 입욕 등도 체

온을 높여 주는 효과적인 활동이라고 한다. 체온의 40 퍼센트 이상은 근육세포에서 생산되며 체온 상승은 면역력 증강이므로 근육운동이 상당히 중요하다고 설명한다. 그리고 모든 근육의 75 퍼센트는 허리 아래에 있으므로 상반신보다는 하반신 운동을 꾸준히 하는 것이 체열 생산에 효과적이라고 한다. 그렇기 때문에 걷기가 근육운동의 기본이라고 한다.

이 책에는 '소식'에 대한 지식이나 새로운 견해와 주장뿐만 아니라 그것을 통해 심한 불치병을 치료한 사람들의 이야기도 많이 소개되어 나온다. 이것이 건강에 적신호가 온 독자들에게 필자가 이 책을 추천하는 이유이다.

“ 최소한의 것으로 살아가며, 심플하게 생각하라. 단순함이야 말로 삶이 줄 수 있는 최고의 풍요이다.”

– 헨리 데이비드 소로 –

안 아프고 살 수 있는 7가지 방법이 있다.
< 건강의 기술 >
_ 돈 콜버트

" 많은 사람이 물을 마시지 않는다. 물맛을 좋아하지 않거나 수분 섭취의 중요성을 배우지 못한 사람들도 있다. 그들은 어릴 때부터 부모가 주는 주스나 청량음료나 우유 등, 물이 아닌 다른 것을 마셨을 것이다. 그 결과 많은 사람은 카페인이 들었거나 설탕이 주성분인 음료를 마시며 하루를 보낸다. 그들은 아침에 커피로 시동을 걸고, 오전 나절이면 활력을 재충전하려고 소다수를 마신다. 그다음 점심때는 단맛을 낸,

카페인이 든 아이스티를 마신다. 또 늦은 오후에는 커피가 주성분인 음료나 '과즙 10퍼센트' 인 주스를 한 번 더 마신다. 그들이 마신 모든 카페인과 설탕은 실제로 몸에서 수분을 훔쳐내며, 몸에 도움이 되기보다 해를 끼친다. 그러나 그 사실을 아는 사람은 거의 없다." < 17쪽 >

이 책의 저자는 우리가 안 아프고 살아갈 수 있는 7가지 핵심 원리를 폭 넓은 의학지식을 토대로 하여 우리에게 설명해 준다. 그동안 소중하게 생각하지 않았던 우리 몸이 되는 대로 살아가는 것보다 꾸준히 철저하게 관리해야 할 소중한 대상이라는 점도 이 책을 통해 얻을 수 있는 귀한 교훈이다.

우리가 건강한 삶을 꾸리는 데 최우선이자 가장 중요한 요소이면서 이 책의 저자가 주장하는 7가지 건강의 필수 핵심 요소 중에서 첫 번째 요소는 우리가 너무나 쉽게 구할 수 있는 것이다. 그래서 우리는 그것의 중요성과 필요성을 쉽게 간과해 버리는 경향이 크다. 그것은 바로 물이다. 그래서 첫 번째 방법은 물을 잘 마시는 것이다.

우리 몸의 70퍼센트는 물이고, 근육의 75퍼센트도 역시 물이고, 뇌세포의 85퍼센트도 역시 물이고, 혈액의 82퍼센트도 역시 물이다. 그런데 많은 사람이 충분한 물을 마시지 않는다. 그 결과 관절염과 요통으로 고통받고, 면역 체계가 비효율적인 시스템으로 저하되고, 심장마비와 뇌졸중을 더 잘 일으키고, 행복 호르몬인 세로토닌을 더 적게 생성하고, 주의력이 결핍되고, 노화에 따른 기억력 감퇴를 예방하지 못하고, 알츠하이머병, 파킨슨병, 루게릭병과 같은 퇴행성 질환에 걸릴 위험을 줄여 주지 못하고, 피부를 매끈하고 윤기 있게 만들어 주지 못하게 되는 것이다. 특히 뇌는 노화 속도를 늦추고 기억력을 유지해 주는 강력한 영양분이다.

두 번째 건강의 핵심 원리는 수면과 휴식이다. 그래서 두 번째 방법은 잠을 충분히 자고, 휴식을 잘 취하는 방법이다.

잠을 충분히 제대로 자지 않으면 당뇨 발병 확률이 높아지고, 스트레스 지수가 높아지고, 작업 생산성이 떨어지고, 교통사고로 자신과 타인을 모두 위험하게 할 확률이 높아지고 성욕이 감퇴하고 질병을 불러오게 된다고 한다. 특히 한 연구에 따르면, 적당한 수면을 취하지 못 한 사람은 더 높은 이혼율을 보인다고 한다.

이 책의 저자가 추천하는 최고의 노화 방지 비법은 물과 수면이다. 이 두 가지가 가장 중요한 것이라고 필자 역시 생각한다.

세 번째 건강의 핵심 원리는 음식이다. 그래서 세 번째 방법은 음식을 잘 섭취하는 것이다. 몸에 좋은 음식, 즉 살아 있는 음식을 먹고, 몸을 죽이는 죽은 음식을 삼가라는 것이다. 특히 죽은 음식을 대표하는 것은 가공음식이다. 그리고 적어도 먹는 음식의 절반은 살아 있는 음식인 유기농 과일과 채소와 통곡물을 먹어야 한다고 한다.

네 번째 건강의 핵심 원리는 운동이다. 그래서 네 번째 방법은 운동을 하는 것이다. 우리 몸은 움직이도록 빚어졌다. 순조롭게 달리려면 물, 휴식, 음식, 운동이 필요하다. 한 마디로 운동은 반드시 해야 하는 것이다. 운동은 무엇보다 많은 질병을 예방하고 면역 체계를 향상시키며 혈압을 정상으로 유지하게 해 주고 심장을 관리하고 심장 질환을 막는 데 도움이 된다.

운동이라고 해서 특별히 시간을 내는 것만을 생각할 필요는 없다. 일상에서 계단을 오르내리고 엘리베이터를 적게 타는 것도 좋은 운동이다. 하버드 대학교의 연구에 따르면, 일주일에 계단을 20개 이하 오른 사람은 더 많이 오른 사람에 비해 사망 가능성이 23 퍼센트 높았다. 그리고 관상동맥성 심장질환 발병 확률은 56퍼센트나 높았다.

다섯 번째 건강의 핵심 원리는 해독이다. 그래

서 다섯 번째 방법은 우리 몸을 잘 해독시키는 것이다. 우리는 살면서 독소를 완전히 피할 수 없다. 우리는 유독한 세상에 노출되어 있고, 그 속에서 살고 있다. 공기, 물, 식료품의 독성 수준은 매년 높아지고 있다. 이러한 환경에서 벗어날 수는 없다. 그래서 우리가 할 수 있는 해결책은 바로 해독이다.

피부에는 200~300만 개의 땀샘이 있다. 그래서 이것을 잘 활용하여 땀을 흘리는 사람은 땀을 흘리지 않는 사람들보다 건강이 좋다. 피부가 주요 독소 배출 기관의 하나이기 때문이다. 그렇기 때문에 일부러라도 땀을 많이 흘릴 수 있는 환경을 만들어야 한다.

여섯 번째 건강의 핵심 원리는 영양소이다. 그래서 여섯 번째 방법은 영양을 잘 섭취하는 것이다. 특히 이탈리아 연구자들이 연구 결과 '100세 이상이면서 건강한 사람들에게는 독특한 특징이 있는데, 그것은 비타민 A와 비타민 E가 그들의 장수를 보장해 준다' 는 것이다. 우리가 영양소에 대해 관심을 가져야 하는 이유 중에 하나는 풍요 때문이라고 필자는 생각한다.

그 풍요란 우리 주위에 넘쳐나는, 그리고 쉽게 구할 수 있는 가공식품과 인스턴트식품이다. 세계 어디에 가도 존재하는 패스트푸드 식당과 그 음식들은 열량은 높지만, 정작 우리 몸을 건강하게 해 주는 영양소의 함량은 매우 낮다는 사실 때문이다.

일곱 번째 건강의 핵심 원리는 스트레스 관리이다. 그래서 일곱 번째 방법은 스트레스를 잘 관리하는 것이다. 스트레스는 우리의 몸과 마음을 망가뜨리는 가장 큰 주범 중에 하나다. 스트레스를 관리하기 위해 이 책의 저자는 우리에게 세상을 바라보는 관점의 전환, 즉 사고의 전환을 조언한다. 한 마디로 긍정적으로 사물을 보라는 것이다. 이것과 함께 항상 웃고 기뻐하는 습관도 제시한다. 그렇게 하기 위해서는 타인의 잘못에 관대해야 한다. 즉 용서를 할 줄 알아야 한다.

용서는 타인을 괴롭히는 것이 아니라 자기 자신을 분노하게 하여 몸과 마음의 상처를 스스로에게 입히는 행위이다. 용서를 한다는 것은 자기 자신을 타인의 잘못이라는 속박과 영향에서 스스로를 벗어날 수 있게 해 준다는 점에서 자기 자신을 위한 것이다.

불쾌한 상황을 용서하지 못한다면 그 기억을 통해 상황을 재탕하며 그 순간을 되새기는 스트레스에 갇히고 만다. 용감한 사람은 한 번 죽지만 비겁한 사람은 여러 번 죽는 다는 말처럼 용서하는 사람은 딱 한 번 불쾌해지고, 분노를 느끼지만, 용서하지 못하는 사람은 여러 번 불쾌해지고 분노를 느끼게 된다. 그러므로 용서를 하면 그 상황과 상처를 준 사람을 모두 흐르는 강물에 흘러 보내고 잊을 수 있게 된다. 최소한 스트레스에서 해방되어 상처를 더 이상 받지 않게 된다.

세상에는 공짜 점심이란 없다. 우리가 우리 몸과 건강에 대해 신경을 쓰는 만큼 우리는 건강하게 안 아프고 살 수 있는 것이다. 결국 세상의 것들, 돈이나 명예나 권력이나 성공을 얻기 위해 우리가 그것에 더 많은 것을 투자하면 그것을 얻을 수 있게 될지도 모른다. 하지만 그만큼 건강과 삶의 균형은 위협을 받게 된다는 사실을 명심하자. 이 책은 우리에게 삶의 균형을 잡는 방법에 대해서 일곱 가지 건강 원칙을 통해 잘 설명해 주는 그런 책이다.

건강하게 100세를 살 수 있는 사람은 자신의 건강과 몸에 관심을 가장 많이 가지는 사람이라고 할 수 있다. 자신의 몸에 대해 그 소중함을 깨닫고 꾸준히 그리고 철저하게 관리를 하는 사람이 가장 건강하며 안 아프고 살 수 있다는 사실을 한 번 더 명심하자.

인생이 가야 할 곳, 또한 가는 길은
향락도 비통도 아니다.
내일이 오늘보다 낫도록
저마다 행하는 그것이 목적이며 길이다.
– 헨리 롱펠로우 –

음식을 바꾸면 인생이 바뀐다.

< 음식을 바꾸면 뇌가 바뀐다.>

_ 이쿠타 사토시

“ 우리 뇌와 몸은 우리가 매일 먹는 것이 형태를 바꾼 결과라고 할 수 있다. 우리가 먹는 음식은 위장에서 생체촉매인 효소에 의해 영양소로 분해된 뒤 장에서 흡수되어 혈액으로 녹아들어간다. 이 영양소가 혈액을 통해 뇌 속으로 운반되어 형태를 바꿔 뇌를 만들고 몸을 만든다. 따라서 무엇을 먹느냐가 인생의 질을 좌우하는 요인이 되는 셈이다.” < 18 ~19쪽 >

우리는 보통 머리가 좋고 나쁜 것은 타고나는 것이라고 생각한다. 그리고 학창 시절에 열심히 공부를 하면 그 만큼 더 머리가 개선되고 향상될 수 있다고도 생각한다.

우리는 여기까지 생각할 수 있다. 하지만 이 책의 저자는 우리에게 '우리가 먹는 음식에 따라 우리의 머리가 좋아질 수도 있고, 반대로 나빠질 수도 있다' 고 말한다.

이 책의 저자가 말하는 것이 과연 신뢰할 수 있는 것일까? 과연 우리가 먹는 음식에 따라 우리의 머리 상태가 달라질 수 있을 까? 이 책에서는 다양한 연구 결과들과 이론을 통해 우리들에게 새로운 사실을 전해 준다.

우리의 머리 상태뿐만 아니라 현대인들의 행복지수가 낮아지고, 우울증 등으로 정신과 치료를 받는 사람들의 수가 급증하며, 만성피로와 수면장애 등으로 고생하는 사람들이 많아지는 것이 모두 최적의 영양 상태를 유지하지 못하고 있기 때문이라고 한다. 특히 마음의 병이 생기는 주된 원인은 오랫동안 부적절한 영양소를 섭취하거나 주변 환경 속에 존재하는 독소 때문이라고 주장한다. 한 마디로 마음이 건강해지고, 머리가 좋아지기 위해서는 무엇보다도 잘 먹어야 한다는 것이다.

우리가 먹는 음식이 우리의 머리를 좋아지게 만들어 준다는 연구 결과 중에 하나는 영국 스완지 대학교의 데이비드 벤튼 교수팀의 연구이다. 종합비타민과 종합미네랄을 섭취한 아이들이 그렇지 않은 아이들에 비해 지능지수가 10 포인트나 향상된다는 사실을 입증했다.

재미있는 사실은 뇌에 공급되는 포도당이 부족하면 피로, 불안 증세, 현기증, 불면, 집중력 저하, 건망증, 갈증 등의 증상이 나타나는 데, 백설탕을 과다 섭취하면 뇌와 몸에 오히려 나쁜 영향을 준다는 사실이다.

MIT 공대의 알렉스 샤우스 교수는 백설탕을

가장 많이 섭취하는 그룹의 아이들이 가장 적게 섭취하는 그룹의 아이들보다 지능지수가 25포인트나 낮다는 연구 결과를 발표했다.

어른보다 아이들의 뇌가 혈당치 변화에 더 민감하기 때문에, 아이들이 주의가 산만해지거나 기억력이 떨어지고 공격적인 행동을 할 경우에는 혈당치가 급격하게 떨어졌기 때문일 수도 있다고 한다.

어떤 종류의 우울증은 뇌 속의 세로토닌이라는 신경전달물질이 부족해서 발생한다. 그런데 트립토판이라는 아미노산을 섭취하면 뇌 속의 효소 작용에 의해 세로토닌이 만들어진다고 한다. 그 결과 트립토판을 섭취하면 우울증 개선에 탁월한 효과가 있으며 부작용도 없다고 한다.

이제 우리는 100세 시대로 나아가고 있다. 인간의 평균 수명이 급속도로 늘어나고 있다. 하지만 이것을 좋아할 수만은 없다. 그에 따라 알츠하이머병이 급증하고 있기 때문이다. 하지만 알츠하이머병을 예방하기 위한 방법도 있다. 그것은 DHA를 많이 함유하고 있는 등 푸른 생선을 많이 먹는 것이다.

일주일에 한 번 정도 생선을 먹는 사람은 생선을 전혀 먹지 않는 사람보다 알츠하이머병에 걸릴 위험이 절반이나 낮다고 한다. 이와 반대로 알츠하이머병에 걸리게 하는 음식도 있다. 바로 술이다.

술을 많이 마시는 사람은 그렇지 않은 사람에 비해 알츠하이머병이 4.8년 빨리 발병한다고 한다. 여기에 담배까지 합쳐지면 6 ~7년 정도 더 빨리 발병한다고 한다.

뇌는 에너지 소비량이 많은 장기다. 뇌의 크기와 무게는 작지만 전체 에너지의 20%를 소비한다. 그래서 뇌가 최적의 상태가 되기 위해서는 항상 여섯 가지 영양소가 있어야 한다.

뇌의 연료인 포도당, 효소의 작용을 돕는 지능

영양소인 비타민과 미네랄, 신경전달물질의 원료인 아미노산, 그리고 필수지방산과 인지질이 그것이다. 이 중에서도 포도당은 뇌의 직접적인 연료인 만큼 최고의 에너지원은 우리 혈액 속에서 포도당을 천천히 방출 해 주는 채소, 두부, 통밀 이라고 한다.

뇌에 중요한 영양소 중에서도 가장 중요시 되는 것은 역시 오메가 3와 오메가 6인 필수지방산이다. 다른 지방산은 몸속에서 만들어지지만 이 두 가지는 몸속에서 만들어질 수 없다. 그렇기 때문에 필수지방산을 얻기 위해서는 반드시 음식으로 섭취해야 한다. 이런 점에서도 우리가 먹는 음식은 매우 중요하다.

결국 오메가 3을 충분히 섭취하기 위해서는 일주일에 몇 번 이상은 반드시 등 푸른 생선을 먹어야 한다.

또한 마음과 감정을 만들고 잘 조절하게 해 주는 신경전달물질을 만드는 원료인 아미노산의 중요성에 대해 아무리 강조해도 지나치지 않을 것이다.

“ 아미노산이 부족하면 심신이 늘 긴장하고 집중력이 떨어지며 우울증, 무기력, 기억 장애가 일어나기 쉽다. 이러한 증상은 아미노산을 영양 보충제로 섭취하면 개선되는데, 이것은 수많은 의학 논문에 의해 이미 증명된 사실이다.

예를 들어 필수아미노산인 트립토판은 항우울제 가운데 가장 널리 사용되는 프로작보다 효과적이다. 티로신은 스트레스를 완화하고, 포유류의 뇌 속에만 존재하는 특이한 아미노산인 가바(GABA)는 뇌가 과도하게 흥분하는 것을 억제하고 불안감을 없애준다.” < 79쪽 >

이 책을 통해 필자는 처음으로 종합비타민과 미네랄에 대해 새로운 인식을 갖게 되었다. 성인의 경우에도 비타민이나 미네랄을 적절하게 섭취할 경우 두뇌 회전이 빨라지고 집중력이 좋아진다는 이 책의 주장 때문이다. 뇌의 신경세

포, 신경전달물질, 수용체를 만드는 데 필요한 물질이 바로 이것들이기 때문이다.

또한 이 책을 통해 얻게 된 삶의 지혜는 불안이나 초조해졌을 때, 그것도 이유도 없이 그렇게 되었을 때 혹은 스트레스에서 벗어나고 싶을 때 해결책으로 음식, 즉 미네랄 섭취가 좋은 하나의 방법이 될 수 있다는 새로운 사실에 대한 인식이다.

우리가 생각도 못 한 일이지만 이 방법은 놀라울 정도로 효과가 있다고 한다. 칼슘이나 마그네슘이 부족하면 불안해지거나 짜증이 나고 공격적이 되기 쉽다는 사실을 명심하자.

부끄러운 사실이지만 필자는 음식에 대한 상식이 매우 부족하다는 사실을 이 책을 통해 알게 되었다. 마음 건강에 가장 많은 영향을 미치는 영양소는 아연이라고 한다.

아연이 부족하면 정신분열증, 우울증, 불안, 섭

식 장애, 주의력 결핍 과잉 행동 장애 등을 일으킬 수 있다고 한다. 하지만 식사로는 아연을 충분히 섭취하기 어렵다는 사실도 추가로 알았다.

중요한 사실 중에 하나는 신혼인 남자는 아연이 급격하게 부족하게 된다. 왜냐하면 정액에 많이 함유되어 있기 때문에 사정을 하면 급속히 줄어들게 된다. 특히 과도한 음주를 하면 더 많은 아연이 필요하게 된다.

우리 주위에 막 결혼한 남자들이 주의력이 결핍되어 이런 저런 사고를 많이 치고 다니는 것도 아연이 부족해서 일수 있다.

특히 기혼남성들 중에 과도한 부부관계를 통해 사정을 자주 하는 경우나 섹스 중독에 걸린 남성들이 정신분열증, 우울증, 불안, 섭식 장애 등이 나타나고 마음의 건강이 나빠지는 것은 중독되었기 때문이 아니라 잦은 사정으로 인한 아연 부족일 수도 있다는 사실에 대해서도 새롭게 인식을 넓혀 가야 할 것이다.

또한 혈액 속에 아연이 부족하고, 구리가 많아지면 조바심이 심해지고 폭력을 쉽게 저지르게 된다고 한다. 실제로 폭력 전과가 있는 정신분열 환자와 폭력 전과가 없는 정신분열 환자에 대해 아연과 구리 농도를 조사한 결과 전자의 경우가 훨씬 더 아연은 적고, 구리는 많이 분포되어 있었다고 한다.

뿐만 아니라 주의력 결핍 과다 행동 장애나 지능지수를 저하시키는 납을 해독시키는 데는 비타민 C와 함께 아연, 칼슘 등이 효과가 있다고 한다.

이 책을 통해 우리는 좀 더 현명하고 지혜롭게 우리가 먹는 음식을 선택하고 조절할 수 있을 것이다.

우리가 먹는 음식이 우리의 인생을 바꾸고, 우리의 건강과 지능지수를 바꾸고, 심지어 수명까지도 바꿀 수 있다는 사실을 명심하자.

보통 벌은 수명이 1년도 채 안 된다. 하지만 똑같은 유전자와 똑같은 수많은 벌들 중에서 선택되어 길러진 여왕벌은 수명이 5년이다.

여왕벌만이 엄선된 좋은 꿀을 먹고 산다는 사실은 먹는 것이 얼마나 중요한 것인지 다시 인식하게 해 주는 사실일 것이다.

" 당신이 가진 축복들을 헤아려 보라.
그리고 그것들을 가지지 못했을 때
당신이 얼마나 갈망했는가를 생각하면서
감사히 여겨라."

– 아우렐리우스 –

에필로그 _ 책은 삶의 특권이며 최고의 사치이며 향락이다.

‘인생을 바꾸는 것은 재능이 아니라 독서이다.’

빌 게이츠, 워렌 버핏, 오프라 윈프리, 스티브 잡스, 손 정의, 조지 소로스, 마오쩌둥, 존 스튜어트 밀, 세종 대왕, 나폴레옹 의 공통점은 독서가 그들의 삶을 도약시켜 놓았다는 것이다.

이들은 모두 남들보다 훨씬 더 많은 독서를 한 사람들이다. 그리고 그 결과 평범한 사람들보다 훨씬 더 많은 업적을 달성해 낸 사람들이다.

모든 성공은 자기 자신에게서 비롯된다. 그리고 그 자신은 자기가 읽은 것에 의해서 완성된다. 결국 모든 성공은 자신이 읽은 것을 통해 비롯되는 것이다.

독서를 한다는 것은 삶의 특권이다.

독서만큼 경제적인 것은 없기 때문이다. 독서만큼 쉽고 편하면서 최대의 효과를 가져다주는 것은 없기 때문이다. 독서만큼 우리에게 많은 생각의 재료를 주는 것은 없다. 독서만큼 우리의 삶을 풍요롭게 해 주고 윤택하게 해 주는 것은 없기 때문이다. 독서만큼 우리 자신을 도약하게 해 주는 것도 이 세상에는 없기 때문이다. 독서만큼 이 세상을 통찰할 수 있는 안목을 제공해 주는 것도 없기 때문이다. 독서만큼 우리에게 기쁨과 위안을 주는 것은 없기 때문이다.

누군가 만들어놓은 길을 가는 것은 쉽다. 하지만 그 길은 망하는 길이다. 아무도 만들어 놓지 않은 새로운 길을 우리는 가야 한다. 하지만 그 길은 매우 힘들고 어렵다. 그래서 독서가 필요한 것이다. 많은 책을 통해 우리는 의식과 사고를 도약시켜야 하고, 그 결과 자신만의 새로운 길을 개척할 수 있다. 그리고 그 길은 성공하고 번영하는 길이 되는 것이다.

우리를 최고의 자리로 이끄는 것은 무조건 열심히 일하는 것이 아니다. 우리를 최고의 자리로 이끄는 것을 자신에게 가장 맞는 올바른 일을 선택하고, 그 일을 가장 현명하고 효율적으로 하는 것에서 비롯된다. 이러한 올바른 일과 올바른 방법을 발견하고 찾아내기 위해서 우리에게 필요한 것은 바로 독서이다. 독서를 통해 우리를 찾을 수 있고, 세상을 내다볼 수 있게 되기 때문이다.

독서를 한다는 것은 최고의 사치이며, 향락이다.

이 세상에서 독서만큼 우리에게 중독을 일으키는 것도 없다. 독서의 맛을 제대로 경험한 사람들은 자신의 아내를 팔아서 책을 사고, 자신의 집을 팔아서 책을 산다. 독서에 한 번 제대로 중독된 사람은 밥을 먹으면서도 책을 손에서 놓을 수 없고, 다니던 직장을 포기하고서라도 책을 읽어야만 한다. 독서에 중독된 사람들은 먹을 쌀이 없어도 돈이 생기기만 하면 밥을 사 먹는 것이 아니라 책을 산다. 이것이 바로 책의 중독성이다.

책이 이렇게 중독성이 강한 이유는 무엇일까? 그것은 바로 책은 최고의 사치이며 향락이기 때문이다. 과거에는 책을 읽을 수 있었던 신분은 왕이나 귀족이나 선비였다. 이들은 모두 선택받고 축복받은 계층이었다. 과거 한 때에는 책을 읽는 것이 금지되었고, 몇몇 특권을 부여 받은 사람만이 책을 읽을 수 있기도 했다.

많은 사람이 독서를 하지 않는 이유는 독서의 맛을 제대로 경험해 보지 못했기 때문이다. 하지만 어떤 사람이라도 독서의 맛을 제대로 한 번이라도 경험하게 되면, 그다음부터는 절대 독서의 중독에서 빠져나올 수가 없게 된다. 결국 평생 독서를 하는 삶을 살아가야 하게 되는 것이다.

필자가 백수와 전업 남편에서 작가가 될 수 있었던 것은 엄청난 양의 독서를 집중적으로 했기 때문이다. 즉 필자의 모든 경쟁력의 대부분은 3년 동안 독서에 집중적으로 투자한 노력의 결과물이라고 할 수 있다. 그래서 필자는 독서의 위력에 대해서 거의 신앙에 가까운 확신을 갖고 있다. 필자에게 새로운 인생을 열어 준 것은 다름 아닌 독서였다. 독서를 하지 않았다면 필자는 지금도 백수였을 것이고, 전업 남편으로 집안일에 매여 사는 남자였을 것이다.

독서는 삶의 최고의 특권이며, 우리가 누릴 수 있는 향락이며, 최고의 사치라고 말하는 이유가 바로 이것이다.

인생에 지쳐 길을 잃고 방황할 때 우리가 할 수 있는 최고의 선택은 또한 독서이다. 책 속에 우리의 길이 있고, 우리의 힘이 있고, 우리의 미래가 있고, 우리의 사유가 있다. 인생을 살다 보면 결정적인 순간을 맞이하게 된다. 바로 그 때 우리가 상황에 잘 들어맞는 책을 읽을 수 있다면 그것보다 더 유익한 것도 이 세상에 없을 것이다.

이 책이 많은 사람에게 유익한 지침서가 되어 주는 이유 중 하나는 독서하는 방법을 제대로 알고 있는 사람들이 그렇게 많지 않다는 것이다. 평생 책을 읽었고, 심지어 책을 쓴 위대한 작가이기도 한 괴테는 이런 의미심장한 말을 남긴 적이 있다.

" 나는 독서하는 방법을 배우기 위해서 80년이라는 세월을 바쳤는데도 아직까지 그것을 다 배웠다고 말할 수 없다."

이처럼 독서라는 것은 우리가 생각하는 것만큼 저절로 되는 것이 아니다. 특히 좋은 책은 선택하는 방법을 배우는 것은 더더욱 어려운 기술이라고 할 수 있다. 그런 점에서 이 책은 매우 유익한 책이 될 것이다.

이 책을 통해 우리는 삶의 결정적 순간을 최고의 순간으로 만들 수 있다. 이것이 이 책의 가장 큰 유익함이다. 이 책을 통해 눈부신 미래를 펼쳐 나가기를 기원한다.

판권

초판 인쇄: 2025년 12월 20일
초판 발행: 2025년 12월 20일

펴낸이: 김병완
펴낸곳: (주) 플랫폼연구소

출판등록: 제 2020-000075호

이메일: pflab2020@naver.com

주소:서울시 강남구 삼성동 116  백우빌딩 402호

ISBN  979-11-24195-31-4(03190)